AUX ARMES!!!

OU LE

GOUVERNEMENT RENVERSÉ

PAR

Le Citoyen J,-F, CUL-D-AIL

Passé Maître des Colles, et maintenant Reste Orateur

PRÉPARATEUR DE LA

RAIE PUBLIQUE DES MAGOTS-GIGUES ET DE LA COMMUNE

SAUCE A L'AIL

A L'ADRESSE

D'ÉLECTEURS SANS-CULOTTES DE L'UN ET DE L'AUTRE SEXE

QUI TROUVERONT CI-INCLUS LE DÉNOMBREMENT

DES CANDIDATS

ÉCHANTILLONNÉS PAR DÉPORTEMENTS

BORDEAUX

OFFICE CENTRAL DE PUBLICITÉ ET IMPRIMERIE AU PORT

91, Rue Porte-Dijeaux, 91

—

1869

CITOYENS ET LECTEURS...

APRÈS FARCES

SAVANTS PROPOS

C'est moi le citoyen Cul-d-ail qui écris cette *troupe de lignes*. Quant à l'effet qu'elles produiront sur le public *qu'on tape aux reins*, je ne réponds pas de *l'impression*. Je les ai tracées seulement pour la *poste hériter*. C'est le but éternel de tout homme *poli ; tic* sérieux qui cherche avec trouble dans *l'eau : position*, honneur, fortune, c'est-à-dire les *places publiques* (sauf la *place Royale*) et ce, en fondant un *Avenir National* quelconque ; ce qui ne peut se faire sans *rangs versés*. — Le *goût vert ne ment*, bien qu'il soit d'une couleur dynastique.

J'ai voulu montrer par la *voix* de la *Presse* au nom du *Progrès* à nos *arriérés* petits-neveux (si nous en avons) l'esprit du *Temps*. Ils auront ainsi de notre *Siècle* une haute idée. Ils pourront apprécier sa littérature, ses mœurs, ses tendances.

Les faits que je rapporte pris sur le vif d'une réunion
publique électorale parleront *plus éloquemment* que les
personnes.

N.-B. — Je ne précise pas le lieu ou s'est tenue cette
réunion. Mettons qu'elle ait eu son siége partout un peu ;
et pour donner un nom à ce partout, appelons le : *le* Préau
Clair.

UNE! DEUX! TROIS!

La salle est comble : Le *Père-six-dents* et deux autres citoyens *assez surs* sont
à leur *Pure eau* (sans sucre). La place du commissaire est *prise — La Tribune est libre*

Par derrière une estrade où se trouve une *grosse caisse.*

Le Père-six-dents. — La Séance est ouverte. Il y a 93 Candidats
à l'Assemblée Nationale qui se sont inscrits pour parler.

La Grosse Caisse. — Boum, Boum !

Numéro 1. — Je demande la parole !

La Grosse Caisse. — Boum !

Numéro 2. — Je la-z-ai demandée avant toi !

La Grosse Caisse . — Boum !

Numéro 3. — Allons donc, c'est moi !

La Grosse Caisse. — Boum !

Numéros 4, 5, 10, 15, 20. — C'est moi ! C'est moi ! C'est moi !
etc.

La Grosse Caisse. — Boum, Boum !

Tous ensemble. — Nous demandons tous la parole !

La Grosse Caisse. — Boum ! Boum ! Boum ! Boum Zin Zin !

Le Père-six-dents. — Silence, Grosse Caisse. — Citoyens, taisez-vous-toi — et tu-vous faites trop de bruit; du calme! au nom de la liberté et de l'ordre public humanitaire!   - Chacun aura son tour!

Numéro 1. — C'est ça — Bien parlé! — C'est nos principes; chacun son tour.

Numéro 48. — Je proteste. C'est pas de l'égalité que d'admettre un numéro 1.

Numéro 93. — Je proteste aussi, moi; car je serai le dernier, et pourtant je suis le propre fils du président.

Un Loustic. — Ah! *propre fils*, on dirait pas.

Le Père-six-dents. — Silence! Je prie les citoyens 93 et 48 de considérer qu'il y en aura bien d'autres encore après 48 et 93. — Qu'ils prennent patience! — Un mot!

FRÈRES ET AMIS!

Il faut que je me soulage!

La Grosse Caisse. — Boum!

Le Père-six-dents. — Cela est bien permis en face du peuple quand on a fait ses preuves comme moi. Je viens de prononcer le chiffre archivénérable de 93. C'est pour ça que nous sommes assemblés ici. C'est bien pour les élections; mais ça ne fait rien. — C'est tout de même pour notre 93.

La Grosse Caisse. — Boum! Boum Zin Zin!

Le Commissaire. — Monsieur le président!

Le Père-six-dents. — Attendez donc, vous ne connaissez pas les *figures aratoires* — Je disais donc : pour notre 93 qui est un candidat, il faut s'entendre. Nous voulons tous ici *renverser le gouvernement......*

Le Commissaire — Président... je ne puis vous laisser continuer.

Le Père-six-dents. — Ah! quel homme! tout de même c'est dommage, être si impatient et ne pas être un pur! Mais attendez donc la suite. C'est pas séditieux du tout ce que je dis. Oui nous voulons tous *renverser le gouvernement!* C'est-à-dire qu'au lieu que ce soient les Gouvernants qui gouvernent les gouvernés, ce soient les gouvernés qui gouvernent les gouvernants. Est-ce donc juste que ce soient toujours les mêmes qui soient en haut, tandis que les autres soient en bas à regarder les raisins murs, comme le renard? C'est pas ça, il faut revenir au bon temps. Moi qui vous parle, — qui ai les pieds chauds — encore plus que la tête — serais-je ou j'en suis sans 93 (pas le candidat car il me ruine, lui) mais l'autre, car enfin mon ci-devant papa (qui était à l'époque Sans-Culottes, bâtard et vidangeur) a fait une bonne récolte cette année là et il y avait autre chose que des raisins — *je vous en promets.* — Il prit alors, au nom du peuple possession d'un ci-devant château, de ci-devant nobles, trois ci-devant maisons de ci-devant riches, et six ci-devant métairies de ces ci-devant fermiers, ignobles ilotes qui avaient la ci-devant lâcheté de payer leur ci-devant ferme à leurs ci-devant propriétaires. Or le ci-devant peuple ci-devant souverain (*bruit*). Baste! la langue me tourne, je veux dire le peuple ci-devant sou (*à part*) eh bien! qu'ai-je donc; je m'embrouille avec tous ces ci-devant, pas d'habitude, voilà! (*haut*) le peuple souverain imitant en cela les ci-devant rois, dans leurs ci-devant largesses n'a point voulu reprendre à mon ci-devant papa, ces ci-devant misères et babioles dont il ne se souciait pas tant; il est ci-devant généreux, et voilà mon ci-devant petit secret, et comment j'ai les ci-devant pieds chauds.

Un Gamin. — Il en a six! C'est donc pas un bipède!

Un Loustic. — Eh! non! c'est un mille pattes...

Le Père-six-dents. — A vous de vous les chauffer.

Un Gamin. — Fais donc passer la chaufferette!

Le Père-six-dents (*continuant*). — Chacun son tour. Pour ça il faut *renverser le gouvernement*, comme je vous l'ai dit, et, dans ce but, nommer le 93 qui est mon fils.

Un Loustic. — C'est ça prenez mon ours!

Le Père-six-dents (*avec attendrissement*). — Mon fils, il a *la recette des pieds chauds!* lui!

La Grosse Caisse. — Boum! boum! boum!

Le Père-six-dents. — Croyez pas que c'est au nom de l'hérédité au moins. Oh! non, je suis un pur, moi!... Mais c'est mon fils.

La Grosse Caisse. — Boum! boum!

Le Loustic. — Il ne ment pas cette fois; c'est pas au nom de l'hérédité.

La Grosse Caisse. — Boum ! boum !

Le Père-six-dents. — *Peuple... de vils manants...* insultent ton Père-six-dents ! et son 93 ! La *Patrie* est en danger !

La Grosse Caisse. — Boum !

Voix diverses. — Il blague le Père-six-dents ! — Non ! — Si ! — C'est un pur ; — c'est un impur ! — A la porte ! Il sent mauvais ! *(Le tumulte augmente.)*

La Grosse Caisse. — Boum ! boum ! boum ! zim zim boum (*à cœur joie*).

(Le Commissaire essaye de se faire entendre ; il ne le peut, tout le monde crie à la fois. Pendant ce temps le n° 1 qui était un des derniers, au fond de la salle, profitant du tumulte, arrive enfin à la tribune).

Numéro 1 *(à la Tribune).* — Ouf ! quel *manque de liberté pour mouvements populaires* ! *(à part).* Maintenant que je suis là, si j'en pars ! Il n'y a pas de fraternité qui tienne ; ah oui ! si j'en attrappe une, je ne la lâcherai pas ! *(haut.)* Je réclame le silence ! (*Peu à peu le silence se rétablit. Exclamations.* Ah ! quelle binette ! Voyons ce qu'il va défiler !)

La Grosse Caisse. — Boum ! boum ! boum ! boum ! zin ! Boum ! boum ! zin boum ! etc., etc.

Numéro 1 *(très-vite).* — Citoyen président et vous tous citoyens présents sous le prélart de ce prêche prédéterminant. Ce préambule préparatoire de la présidence prononcé en votre présence, est pressant et précieux : — mais, préalablement, je suis préoccupé d'un préléminaire préjudiciel qui, par préciput, nous prescrit sa préséance. C'est précisément de préciser, au préalable, avec précision le sens précis du prénom prédicable de PREAU-CLAIR, prêté prématurément à ce prétoire presque présidial. CLAIRE, CLERG ou CLAIR prétend, en effet, préventivement à la prééminente prérogative...

Une voix. — Nous n'en voulons aucune.

Numéro 1 *(continuant)...* d'être pris présentement en trois sens préfix à peu près prédominants. — Lequel préférer ?

La même voix. — Pas de préférences !

Numéro 1 *(continuant).* — Premièrement : CLAIRE se prend précairement pour un pré préétabli pour préparer précieusement les huîtres, précédemment précipitées dans la prairie précitée; et, sans être prêteur, prévôt, prébendé, précepteur, préteur, préfet ni prétendant présomptif, fussiez-vous des pressiers presbytes sans prééminence ni prestance, vous prévoyez prestement que les profanes propageraient partout que notre réunion est le pré à *préparer les huîtres*; ce qui préliminairement procréerait, dès la préface, un préjudice précordial pour le prédicant préopinant et les prêchés à ce prédisposés. Je préjuge donc prévôtalement de proscrire préférablement ce premier sens préfini.

La Grosse Caisse. — Boum ! boum !

Numéro 1 *(continuant)*. — Après ce sens prédécédé, Clerc se présente présomptueusement...

Un Loustic. — Encore des prés... Ah ! quell'*scie d'près!*

Le Numéro 1 *(voulant continuer)*. --Après ce sens pré...

Un Quidam *(qui a une redingote propre)*. — Il ne lâchera pas... Purs sangs ou demi-sangs, ils sont tous les mêmes. Quand ils commencent une rengaîne, on n'en voit plus la fin. Pour le *Mexique*...

Une voix. Silence la Redingote !

Numéro 1 *(voulant continuer.)* — Clerc se présente présomptueusement...

Le Quidam *(criant à tue-tête.)* — Pour le *Mexique* ça a été les Mais, pour la *Situation* de la *Cité* et des *Citadelles*, les *Cimetières*, les *Cigares*, les *Circulaires* et les *Circonscriptions civiques* ça a été les Si; à propos de *cartouches*...

Le Loustic — Et de leurs mandrins....

Le Quidam. — ...de *Carabines* et de *Caronades* sont venus les *Car*...

Le Loustic. — *Bon a ri... hein?*

Le Quidam. — Quand... quand.....

Une voix. — A l'ordre les interrupteurs !

Autre voix. — A l'ordre! allons donc! nous n'y revenons plus du moment que nous en sommes sortis.

Numéro 1 *(en colère)*.—Citoyens le *terrain se déplace!* Où est notre *but.*

Le Loustic. — Tu es parisien et ça t'étonne... *oh! ce manivelle!*

Le Quidam *(s'entêtant et criant encore plus fort)*. — Quand il s'est agi de paysans, de sel et d'agriculture, en finissaient-ils avec leurs *amendements?* s'ils *en* gardaient encore pour eux!...

Le Numéro 1 *(devenant pourpre)*. — Père-six-dents.....

Le Quidam *(criant encore plus fort)*. — C'est comme pour les chemins de *fer* et les chemins à *faire.*

Le Père-six-dents *(sonnant)*. — Citoyen interrupteur je *t'ôte* la parole.

Le Quidam. — Et moi je te la *reôte! (très-vite et couvrant de sa voix la sonnette)*. Oui, et pour les affaires de *Rome* ça a été les *Ro* et maintenant c'est pour ce pré comme pour la *poste,* comme pour la *presse* des *P...* toujours des *P...* Ah! Rengaine, rengaine. *(Il se rasseoit au milieu des sifflets et des bravos.)*

Le Père-six-dents *(agitant sa sonnette). — Citoyens, silence! s'il te-vous ci, si, sied!*

Le Loustic. — Assez de *scie* comme ça.....

Le Numéro 1 *(profitant du bruit qui cesse et continuant)*. — Ce sens prédécedé, CLERC se présente présomptueusement à nous sous un présage presbytéral, proconsulaire, préceptoral, présidial, et protonotarial. Car faut-il des préparatifs prémonitoires et une prescience prestigieuse pour pressentir que Clerc présuppose, le prêtre, le précepteur, le proconsul, le notaire-praticien, le procureur et l'huissier-priseur. Le Clerc prêtre qui prodigant à ses prosélytes prédictions et prédications, prélève prosaïquement sa prestimonie en se prélassant dans le presbytère de sa prébende ; qui, depuis près de deux mille printemps nous préjudicie : qui preneur d'une robe prétexte toute prétintaillée est parti d'une presqu'île pour se précipiter, precédé de prétoriens, sur des preux prosternés et qui, pour préluder, préside à des déprédations sur le peuple, afin d'en exprimer par la prévôté dont il se précautionne comme un pressis de prestations. — Le Clerc précepteur et professeur qui profite de ses préparations prédisposantes, de ses préjugés prédéterminés et de ses prédicaments de prelimpimpin pour predestiner sa proie au préceptorat prépondérant de ses propres préceptes contre lesquels protestent prou nos principes progressifs. — Le Clerc proconsul, propréteur au petit pied, provocateur preposé de la préfecture : qui prémédite la pression de ses prémisses préceptorales, de ses prohibitions prévôtales, où les prétextes prédominent, pour pressurer, comme en un pressoir presbytérien, les préventions prévoyantes les présuppositions préconçues et les pressentiments de prévenus que, par prévenance, nous voudrions préléguer sans pressement à la presse du pays. — Le Clerc-praticien qui n'a d'autre préoccupation que de présager les préludes précurseurs des prédécès pour précompter les prélegs prenables et les prémices d'un prélévement prématuré par le pressurage d'une présidente à prétintailles sans prétendu, ou d'une précieuse prévenante sans progéniture. — Le Clerc procureur et le clerc huissier enfin, pleins de prétentions préjudiciables, plaideurs prestidigitateurs, dont les prestiges épreignent, à propos de protêts, le propriétaire-prolétaire, en prolongeant son procès, malgré ses présents précaires, par des présomptions préexistantes des prescriptions préignantes, des prévisions et des provisions préservatives, des précautions préventives et des prétéritions prescriptibles. — Tous clercs : précepteurs, prêtres, proconsuls praticiens, procureurs : tous privilégiés qui, prétextant un prétérit préférable, prêchent avec préciosité comme leurs prédécesseurs, une précession peu présumable ; tous prompt prôneurs, qui, par leurs prénotions de nos prédispositions, présument précipitamment de nous prédire une prémotion et une prédestination dont la préconisation produirait une prévarication populaire qu'il est pressant de prévenir à tout prix.....

La Grosse Caisse. — Boum, Boum, Boum ! Zin !

..... Donc, purs prudhommes, ne laissons pas prédominer ce second sens de Clerc dans le prénom du Pré de cette réunion ; et ce, par une prévoyance préservatrice, pour n'être point pris pour des présentateurs de pressureurs proconsuls, préteurs et préfets.....

Une Voix. — Eh ! nous en serons, j'espère de ces *prés* faits et refaits.....

Le Numéro 1 (*continuant*). — ..... Des présentateurs de praticiens, procureurs, précepteurs, et préparateurs de préfaces et de précis.....,

La Voix. — ..... Si nous n'en sommes pas rassis de ces *près-ci* !

Le Numéro 1 (*continuant*). — ..... Des présentateurs de prêtrise prêcheurs, préchantres ou précenteurs, prêtresses prémontrés, prestolets, prédicateurs, prébendiers et prélats.....

La Voix. — On en est las de ces *Prés*-là !

Le Numéro 1 (*continuant*). — Toutes prétures et prélatures qui préexistaient au presbytérianisme, lequel se trouve pourtant aussi prenant par une préposition ou une location prépositive de prestidigitations, prédéterminations, prélations, et présentations.

La Grosse Caisse. — Boum, Boum ! Zim Zim ! Boum.....

Le Numéro 1 (*saluant la Grosse Caisse et continuant*). — Enfin reste le troisième sens, CLAIR se prend pour «Brillant» : Ce sens a la prédominence. Je serais même prêt à lui prêter la préexistence de mes prédilections si l'on pouvait se prémunir contre les sens précédents, dont la prépondérance prévaudrait, comme de la présure, sur la *masse*. Aussi, passant la prèle sur ce précis trop preste.....

Un Gamin (*qui baille*). — Trop preste, peste !

Le Numéro 1 (*continuant*). — ...Et, sans courir la prétantaine, je prends avec prestesse et préméditation ma voix de prestant, et, ce fait, sans précipitation précoce, je propose et préopine, pour prévoir le précipice des Clercs précités, de préconiser le prête-nom moins prétentieux de *Pré-aux-Culs-Pets.*,.

La Grosse Caisse (*bien vite*). — Boum, Boum, Boum, Boum !

Le Numéro 1. — Plus présentable pour des patriotes sans-culottes et puis..... (*en savourant*) d'une précocité... d'une prématurité... Allons, prolétaires, prème du peuple, préceintes du pays; presto..... citoyens votons ! ça presse ! ! !

La Grosse Caisse. — Boum, Boum, Boum, Boum ! Zim, Zim ! Boum, Boum, Boum ! Zin, Zin ! Boum, Boum, Boum, Boum ! Zin Boum, Zin Boum, Boum !

Un 1er Gamin. — En voilà un discours de *Pré*.

Un 2me Gamin. — Pas *au Clair* toujours...

Le 1er Gamin. — Non puisqu'il est *occupé*.

Le Quidam. — Dans tous ces *près*-là, il ne manque que le plus essentiel : la *preuve*.

Le 2me Gamin (*en se bouchant le nez*). — Encore passe pour les *Prés*, même au *clair* de *l'une* ou de l'autre espèce, mais c'est les P....

Un Loustic. — Baste ! n'est-on pas habitué, *P.. tot, P... tard*, tout ça c'est pareil ; *ça sent la poudre*.

Le Père-six-dents (*sonnant*). — Citoyens ! le temps presse de se prononcer sur la proposition du préopinant.

Tous à la fois. — Nous votons pour le nom de *Prés aux-Culs-Pets*, ça nous connaît.

Grosse Caisse. — Boum, Boum, Boum ! Zin, Zin ! Boum, Boum !

Le Numéro 1 (*avec enthousiasme*). — Merci, canaille sans culottes ! qu'accablant et qu'annulant est ton *quasi-vote* pour les *candidats, capons cuvant* dans un *cabaret* du *canton* les *calembours calomnieux*, les *cascades* et les *calembredaines qu'avaient caquetés* leurs *caboches* dans cette *curie.* A toi, *Caisse*, les *quatorze* cent *quarante-quatre cantates qu'accumule* mon *cœur* pour les *coups cacophoniques.*

Le 1er Gamin. — Allons, boem ! après les P. voici les Q et les K.

Le 2me Gamin. — Si encore il nous donnait de l'R.

Plusieurs voix. — A la porte le n° 1. Il n'y en a que pour lui.

Le 1er Gamin. — Connu maintenant ton numéro. — A un autre.

(Pendant ce temps les numéros 2 à 15 se précipitent vers la Tribune : tumulte indescriptible).

Le Commissaire (*saisissant une minute de calme*). —Je vais faire évacuer... *(Rires).*

Un Loustic. — Allons ça va bien, l'autorité *compétente* qui s'en mêle ; la *salle* va être *propre.*

(Le tumulte recommence ; le n° 1 bousculé roule en bas de la tribuue avec ses corcurrents, un homme seul, en chemise, reste à la tribune).

L'Homme en chemise. — Camarades, moi je suis pas un phraseur comme l'autre... ci-devant. — Non je ne m'écarte pas.,.

Le Père-six-dents. — Orateur, arrêtez !... *Votre... ton nom ?*

L'Homme en chemise (*se retournant vivement et toisant*). Ça te regarde pas... pas utile. (*Continuant.*) Je m'écarte pas de mon but, moi...

Le Père-six-dents. — Mais si : c'est utile ; donne-moi *votre...* ton nom, ou *votre...* ton chaffre ; ou ton chiffre.

L'Homme en chemise. —Ah ! le chiffre ça me va *(à part)* parce que j'en ai un. (*Haut.*) Eh bien ! je suis le candidat du 20.

Le Père-six-dents. — Le 20 à la parole.

Numéro 20. — Eh bien ! v'la en quat' mots : Je suis candidat pour me fair' une position. C'est-à-dire que j'en-z-ai bien-z-une ;

mais je veux cette *position* pour faire *opposition* à l'aut' *position*.
pour ça il faut *renverser le Gouvernement*....

Un Voyou. — C'est ça ; à coups de pavés !

Un Paveur. — Ouais ! c'est trop lourd, puis ça devient rare, les
rues sont des matelas maintenant, elles sont toutes *hamac à dames*.

Numéro 20 *(reprenant)*. — *Renverser le Gouvernement*.

Le Voyou. — Alors à coups de feu !

Un Chiffonnier. — C'est trop léger, *Savate enfumée ;*

Le Voyou. — Eh bien ! à coups *d'aiguille*.

Un Gamin. — Prends garde, voyou, le 20 va t'ôter la parole.

La Grosse Caisse. — Boum, Boum !

Le Numéro 20 *(reprenant)*. — Vous êtes tous des Nigauds *(Mur-
mures.)* Il faut *renverser le Gouvernement*, mais sans *se faire du mal*,
c'est pas fraternel. Or, comment donc ? le Père-six-dents, il l'a
dit à l'origine du commencement, c'est en ayant chacun son
tour. Moi je suis-t-en bas ; toi tu *t'es-t-en* haut. Eh bien, toi tu
viens-t'-en bas, et moi-z-en *eau. (Il s'essuie le front avec sa chemise.)* Ainsi v'là 47 ans que je casse toujours des pierres sur la
route. — Je demande tous les mois de l'avancement ; rien de
rien. — Il a passé sur ma tête 41 agents, 23 conducteurs,
5 ingénieurs ordinaires, — et je vous promets qu'ils méritaient
bien leur titre ; pas un seul d'extraordinaire, quoiqu'il y en eût
un-z-en chef dans ma circonscription, enfin deux ou trois dou-
zaines de ministres des travaux publics. Eh bien ! après avoir cassé
si longtemps, je sens qu'à mon tour je suis *cassé* — me voici
vieille couane comme tant d'autres ; mais ils ont leur retraite,
eux... et moi ? — C'est donc juste, pas vrai, que j'aille faire mon
petit magot là-bas ? Je demande tous les jours de l'avancement ;
rien de rien. Voulez-vous leurs y jouer-z-un tour ? nommez-moi
quelque chose, qu'est que ça vous coûte ? Un bout de papier,
quoi ! Député ça m'irait... Mais à tant que faire, je préfèrerais être
ministre des travaux publics. — Je connais la partie ; et puis.....
l'autre viendrait sur la route, lui qui ne *la* connaît pas, casser des
pierres à ma place ; enfin c'est juste çà ? Les Français ils sont tous-
t-égaux — J'en vaux bien-z-un autre... Ah ! faut vous dire aussi,
c'est que je serai pas fier ; et si vous venez, quelqu'un me voir là-
bas, nous casserons ensemble... oh ! pas des pierres, non, mais
une *croûte.*

Un Loustic. — Alors, c'est toi qu'on *cassera!*

Numéro 20. — Mais non, je veux pas-t-être *cassé*, puisque je demande de l'avancement.

La Grosse Caisse. — Boum, Boum !

Le Père-six-dents. — C'est au numéro.....

Numéro 20. — Attends, Père-six-dents; t'es bien pressé : tant que j'y suis-t-il faut que je dise un mot pour mon cousin Giffard; c'est-à-dire qu'il n'est pas mon cousin, mais le grand-père du mari de la fille de l'oncle du père de mon cousin au 5me degré — mais nous sommes tout de même cousins. Eh bien ! donc, je le recommande aux camarades; il est comme qui dirait écrivain au coin de la rue. Ah ! lui qui est du peuple, ça ferait bien un ministre de l'ignorance publique et un fameux ! — Car not' bien, peuple, que tu-t-es souverain, et l'on sait si les ci-devant de cet avancement, ils en savaient long. V'là tout : j'ai pas beaucoup blagué, mais c'est du solide. — V'là comme on *renverse le gouvernement*. Nommez-moi, et parole de 20 ! je vous paierai un *petit verre*..... à mon retour,—si j'en reviens. (*Il descend de la tribune*).

Un Gamin. — As pas peur — tu en-z-es revenu !

Le Père-six-dents. — C'est au numéro 21. (*Silence.*) 21, une fois, deux fois, trois fois. (*Personne ne répond.*) Adjugé ! Numéro 22 (*même silence*) une fois, deux fois, trois fois : adjugé ! — Ah ça ! mais ils sont tous morts?... Numéro 25 !...

Numéro 25. — Présent ! Mais excusez, je ne peux marcher étant cul-de-jatte... Si les citoyens veulent m'entendre de ma *place*...

Plusieurs voix. — Qu'il garde *celle* qu'il a, celle du *derrière*. — A un autre. — Non. — Si. — Nous n'en voulons pas du cul-de-jatte... trop *stationnaire*... A un autre !

Le Père-six-dents. — Numéro 26, une fois, deux fois, trois fois : adjugé !... Numéro 27, une fois...

Un Voisin du 27. — C'est pas moi, mais c'est lui; il est trop enroué pour parler.

Le Numéro 28 (*de sa place*). — Il est soûl : — C'est à mon tour mais, pas besoin de la tribune. — Moi je suis pour la révolution, depuis qu'on m'a mis au *secret*.

Plusieurs Voix. — Dehors le vendu, à bas ! Il est de la Secrète ! A la porte ! — Non, il faut le crever !

Numéro 28. — Citoyens....

Voix diverses. — Il vient nous provoquer.

Numéro 28. — Citoyens...

Voix. — Nous espionner, nous...

Le Père-six-dents (*très-vite, craignant du bruit et voyant le commissaire qui se crispe.*) Numéro 29, une fois, deux fois, trois fois : adjugé !... Numéro 30 !...

Numéro 40. — Veuci, veuci! (*Il se laisse tomber d'une fenêtre sur la tribune.*) M' veuci !...

Un Loustic. — C'est un acrobate! (*Applaudissements.*)

La Grosse Caisse. — Boum, Boum, Boum !

Autre Loustic. C'est lui qui faut nommer, il fera la cabriole à volonté.

> « Saute pas-z-à-demi,
> » Paillasse, mon ami,
> » Saute pour tout le monde ! »

Numéro 30: — Qu'on me traite d'acrobate et de Paillasse, ôl n'est pas vrai. — Je sommes Saintongeouais.— Veuci ma profession de foê.

Un Gamin. — Quel charabia !...

Le Numéro 30. — Ah! pardon excuse! Mais h'j'avons de l'accent, ôl est l'creu. Veuiez-vous, y en a qui possediant des borderies, des mattes, des vignes! tout cheu n'est reun : moé je préférons ma p'tite douzaine de billets de mille par an, que v'l'vez vous : des goûts et des couleurs..... Alors comme per tcheu il faut vous faire bonne bouche, mes Gàrs, je vous disons d'abord : Il faut *renverser le Gouvernement* pour tcheu m'enveuier la bas; alors je vous promettons de beun gagner ma mounnaie, je crirons tant, je gueulerons tant; qui-z-aurant peur et y ferant tout cheu que je voudrons. Alors y aura pius de sourdats, pius de tirage, preconséquent les drôlesses, ne pieureront pius; — Y ne ferant pius de navire en cuirasseau; — Y ne païerant pius tout tcheu les faignants, — sauf les représentants beun entendu. — Par ensuite qui gnaura pius d'impôts de cheun, de portes et pius d'octroès; enfin pius de tout et la reste. Ol sera le bon temps; ôl est pour lors qu'y ferant la Gaudalle, car comme y aura pius de commerce, le vin il ne sera pas cher, — enfin surtout pas d'emprunts.....

Une Voix. — Pas sot le saintongeois, il aura ses douze mille et nous nous n'aurons plus rien, ni places, ni industrie ni commerce.

Numéro 30 (*continuant*)... . Oui pas d'emprunts — ôl est tcheu qui ruine le peuple, les emprunts... — Emprunte, — Emprunte; veuïons que sert de trejours emprunter. Ils disant beun qu'ils ne pourriant reun faire sans tcheu. — Té — il me faisant suer avec leur los — un tas de bons à reun — ôl est beun simple peurtant. Une supposition : qu'ils faisant comme mouè; j'avons la Bourgéouèse.....

Un Gamin. — A la lanterne le Bourgeois!

Numéro 30. — Mais je sommes pas Bourgeouès je sommes saintongeouès.

Le Gamin. — Tu es Bourgeois puisque tu-z-as une Bourgeoise.

Numéro 30 *(riant)* Ah le farceur! —*(reprenant)* une supposition : j'h'avons donc ma femme qui me demande une robe — une supposition, ôl coûte une pistole....

Le Gamin. — A bas le réactionnaire qui revient à l'ancien système détruit par la colère du peuple.

Numéro 30 (*sans se troubler*) — Ol est dur, mes bons, 10 francs à la foès quand on n'a pas, une supposition, ses douze mille — j'h'é disons à ma femme, une supposition, achét'-t'en la meutié; fais-en la meutié, porte'-s'-en la meutié at chelle année. — L'année prechaine j'h'achéterons l'aut' meutié; ils ferant l'aut' meutié; tu peurtras l'aut'meutié. Ol séra pas beun pareil peur aller ensemble, ol est vrai...... Mais les principes les principes! — comme tcheu nous n'empruntrons pas et v'là peur les travaux. — De même peur les économies dans les dépenses, ainsi l'aut' moès h'j'avons donné, une supposition, à la Bourgeoèse une Pistole.

Un Bègue. — Ah! quel *pis*..., *pis*.., *pis*tolet avec ses *pis*., *pis*.. *pis*, *pis*toles!

Numéro 30 (*haussant les épaules*) — Au bout du mois, v'là qui en z-avait eu-t-assez : Le mois suivant j'h'avons pius baillé que huit francs, ôl a encore été de même. — Ah tcheu! que j'h'm'sommes dit, si j'h'donnions pius que cent sous? — Cent sous, va. A tcheu mois-ici j'h'avons mis reun qu'une pièce de trois francs peur la cuite. Tcheu commence d'ètre un petit jh'uste.. mais baste!

Un Loustic. — Dame ! tu trouveras bien le moyen de plus rien donner du tout.

Numéro 30. — Et mang'h'er de même (*d'un air bonhomme*). Eh ! Eh ! pourquoi pas ? Si ôl se peut, ôl est le pregrès. — V'là la manigance. Ol est simple comme bonjour. Gnia que per le prepriétaire que tcheu meuyen il n'a pas réussi. Lui, qui est un aristo, au lieu de diminuer, il a-t-augmenté. J'h'avons changé 3, 4 fès ; mais, dame ! mes bons, j'h'avons pas pu encore me log'her peur reun. Et puis, une supposition, les déménagements coutiant beun.....

Un Loustic. — Comme les changements de ministres.....

Numéro 30. — Par ainsi, vous veuiez beun que si j'h'étions là bas, tout tcheux les gormands, ils ne se houilleriant point comme tcheu avec les larmes des paysans, et la graisse des ouvriers.....

La Redingote. — Du nectar et de l'ambroisie.....

Numéro 30... — J'h'en finirions avec ces *pertes* continuelles, et per tcheu : j'h'commencerions per *supprimer* tout *traitement* : j'h' *garderions* tant seulement la *chambre* ; puis j'h' *supprimerions* tous les *conseils* qu'ils seiant *des sinistres ou des tâtonnants* ; puis j'h'*supprimerions* la *Seigne*, le *Seignat* et le *Seignerat* ; j'h'*supprimerions* tout *travail* ; j'h'*supprimerions* tout *infâme commerce*, j'h'*supprimerions* bien des *vaisseaux* ; j'h'*supprimerions* toute *vie alarmée* ; j'h'*supprimerions* enfin tous les *mois...*...

Un Carabin. — Allons donc, ignorant ! ce sont toutes vos *suppressions* qui sont contraires à l'*économie !*

Numéro 30. — J'h'en voulons pas de vos vieilles *règles.*— J'h'attendons donc, camarades, qu'ôl est moè que vous neumerez. — Vous savez tcheu que j'h'vous promettons.....

Grosse Caisse. — Boum ! Boum !

Un Loustic. — Quant à tenir.....

Numéro 30. — Oh ! — j'he tiendrons..... *(plus bas)* à nos douze mille ! !

Grosse Caisse. — Boum ! Boum ! Zin ! Boum ! Boum !

Voix nombreuses. — Il se moque de nous... Jetons-le par la fenêtre !... — Non, !... — Si ! — Il veut tant supprimer, qu'il ne supprimera rien du tout. — C'est vrai ! — Qu'il commence donc par supprimer ses douze mille !... — Pas de douze mille ou pas de voie !

(Le numéro 30 voyant que ça tourne mal s'esquive sans bruit.)

Un Gamin. — Tiens, il file,....

Autre Gamin. — *Sans tambours ni trompettes...*

1ᵉʳ Gamin. — Faut bien, puisqu'il veut pas *d'armée !*

Le Père-six-dents. — Numéro 31 !

Numéro 31 (*de sa place*). — Assez comm'ça !

Le Père-six-dents. — Nᵒˢ 32... 33... 34...!

Les Nᵒˢ 32, 33, 34 (*de leurs places*).— Nous aussi, nous chômons !

Le Père-six-dents... — Nᵒ 35...

Numéro 35 (*de sa place*). — Je ne parle pas à sec. Si l'on m'en paye une, je parlerai ; sinon, pas de discours !

Le Père-six-dents. — Numéro 36? (*silence*) Nᵒˢ 36!... 37!... 38!... 39...!

Tous ces nᵒˢ ensemble. — Nous sortons d'en prendre !

Le Père-six-dents. — Nᵒˢ 40!... 41!... 42!...

Tous ces nᵒˢ ensemble. — Nous en sommes écœurés !

Le Père-six-dents (*à part*). —¡Les Braves gens ! ce sera plus tôt fini. (*Haut*) Numéro 43 !

Numéro 43 (*s'éveillant*).—Laisse-moi donc pioncer, tu m'embêtes !

Le Père-six-dents. — Chacun est libre. — Nᵒˢ 44, 45, 46, 47 !

Tous ces numéros ensemble. — Nous aussi nous flânons !

Le Père-six-dents. — Prenez garde ! 48 va vous réveiller ! (*emphatiquement*) Numéro 48 !

Numéro 48 (*se précipitant vers la Tribune*). — Mon coup est prêt. — Gare la *mine !*

Un Loustic ! — La *tienne !* elle est *à faire peur !*

Le Père-six-dents. — La parole est à 48 !

Numéro 48. — Moi c'est pas comme les autres, o citoyens ! — Mon but à moi est de *renverser le gouvernement !* — Oui. — Mais pourquoi? — Parce que je le trouve trop réactionnaire. Il repousse obstinément toutes les réformes, toutes les inventions qui assureraient le progrès humain. On parle de responsabilité ministérielle, de presse libre, que sais-je? Qu'est-ce que c'est que toutes ces babioles à côté de ce que je propose. J'ai là trois inventions qui pratiquées, changeraient la face du monde, en refondant l'homme tout entier. La première pour l'homme moral : l'INSTRUCTION.....

Grosse Caisse. — Boum !

Numéro 48. - La deuxième pour l'homme physique : LA RÉGÉ-
NÉRATION.

Grosse Caisse. — Boum.

Numéro 48. — La troisième pour assurer la jouissance des deux
premières : L'IMMORTALITÉ.

Grosse Caisse — Boum ! boum !

Numéro 48. — Nommez-moi et je ferai passer tout ça à l'Assemblée...

Grosse Caisse. — Boum ! Boum ! Boum ! Zin zin ! Boum !

Numéro 43 (*réveillé par la Grosse Caisse*). — Ah ! qu'ils sont
sciants, on ne peut pas dormir !

Un Gamin. — Pourtant c'est pas difficile, c'est 48 qui parle !

Un voisin du 43. — Dors pas.., et la consigné pour applaudir !
Tu gagneras pas ton argent !

Numéro 48. — Primo — L'INSTRUCTION : — Il s'agit d'arriver à ren-
dre tous les citoyens aussi savants les uns que les autres ; et cela
presque sans études ; par suite en peu de temps et à peu de frais.
Pour ça, il faut supprimer...

Le Carabin. — Allons ! voilà encore un autre suppresseur !

Numéro 48. — Toutes ces vaines sciences aristocratiques qui
nous viennent de l'ancien régime ; comme : la Physique, la Chimie,
l'Astronomie, l'Algèbre, la Médecine...

Le Carabin. — Supprime tout, mais pas la Médecine au moins !

Numéro 48. — La Médecine surtout. Tout ce fatras a été inventé,
voyez-vous, par les aristocrates pour faire croire au peuple qu'il
n'est qu'une bête. Eh bien ! moi qui ne sait pas un mot de tout ça,
je les ai tous fameusement badinés. Je fais apprendre L'ALPHABET
à tous les Français ; et avec ça, ils savent tout d'un seul coup. Car
tout se trouve dans L'ALPHABET :

Ainsi : avec l'A , on exprime la joie, la douleur, la surprise, voilà
pour les sentiments.

Avec l'A B , on s'initie à tout çe qui concerne la religion.

En sachant A B C , on s'inocule l'égalité et l'économie politique qui
ne consiste en réalité qu'à abaisser tous les
droits.

<pre>
         C D   , apprend l'obéissance.
Le   D   , nous révèle l'art des distractions innocentes.
Dans l'   E   , nous étudions l'embryogénie, l'art culinaire, les
                  secrets de la basse-cour, et nous trouvons le
                  germe de bien des choses : C'est en admirant
Les   F I J , qu'on devient statuaire et artiste : — l'histoire
                  naturelle découle du
           G   ; la justice et le droit des
           H   ; — pour l'art militaire, il suffit d'un
           K   ; — la poésie s'élance sur une et deux
           L   ;
           M   est si profond qu'à lui seul il en dit assez.
Les   N   le suivent de près : c'est là deux puissances
                  pleines d'enseignements.
L'   O   forme des marins.
Le   P et le Q des orateurs : nous en avons la preuve au com-
                  mencement de cette séance.
                       (Le Numéro 1 s'incline modestement.)
L'   R   donne origine à la Chimie : — on trouve dans
L'   S   pris sérieusement autant de ressources pour le
                  génie que dans le
           T   pour le dessin : — C'est à force d'avoir
L'   U et deux V liés ou non, qu'on apprend l'histoire ; c'est
L'   X   qui pousse l'homme à creuser l'inconnu ; tandis
que l'   Y et le Z lui livrent la clef des mathématiques.
</pre>

J'ai donc raison de dire que l'ALPHABET remplace à lui seul toutes les sciences. — Français ! apprenez-le et vous serez tous académiciens !!.,.

Grosse Caisse. — Boum ! Boum !

Numéro 48. — Bien plus même que les Immortels ; car s'ils ont de l'esprit. *c'est qu'à rentes*, tandis que vous, citoyens, en sachant l'Alphabet, vous l'aurez en *Capitales*. (*Tonnerre d'applaudissements.*)

Grosse Caisse. — Boum ! Boum ! Boum !

Numéro 48. — A cela il serait bon d'ajouter l'étude des nombres de 9 à 100 ; je dis de 9 à 100, car je supprime...

Le Carabin. — Encore ! Oh ! mes nerfs !

Numcro 48. — Je supprime le 1 par horreur de toute suprématie royale.

Le 2 par horreur de la noblesse.

Le 3 par horreur de la guerre, en horreur de celle de ce nom qui introduisit le principe des armées permanentes.

Le 4 de chiffre par horreur des lois de presse desquelles il est le symbole.

Le 5 par horreur de la superstition.

Le 6 et le 7 par horreur de la propriété, car ils en rappellent la situation et la possession.

Le 8 par horreur des prisons et des jugements. Mais je commence tout à 9, parce que c'est là le principe de la révolution qui de degré en degré, nous mène inévitablement au numéro 100, qui est *la fin* et *le fin* de toutes choses.

Grosse Caisse. — Boum ! Boum ! Boum ! Zin ! Boum ! Zin Zin Boum !

Numéro 48 (*continuant*) Secondo : La RÉGÉNÉRATION. — Infamie ! au dix-neuvième siècle, on en est encore à voir des êtres boiteux bancals, borgnes, brèche-dents, sourds-muets, manchots, cretins, pourris, phthisiques ! avec mon systeme, d'ici la fin de ce siècle, l'humanité serait régénérée. Comment s'y prendrait-on. Oh ! bien simplement ! (*ici le commissaire s'endort*) on détruirait tous les enfants mal constitués, mal conformés au physique et au moral ; non point à leur naissance comme ce niais de Lycurgues : car on ne peut juger alors du sujet ; mais à l'âge de 30 ans, époque du développement complet : à cet âge on décapiterait tous ceux qui ne réuniraient pas les conditions voulues.....

Le Cul-de-jatte.. — Eh ! dis donc là bas ! j'ai 31 ans, moi ! — Veux pas de ton système.

Numéro 48 (*d'un air de pitié*) Ça t'regarde pas ! — (*reprenant*) Pour la génération actuelle qui n'a point été prévenue on ferait grâce de la taille, en ce sens qu'on ne guillotinerait pas ceux dont le seul défaut serait de ne pas être des tambours-majors. Au contraire, au lieu de les diminuer, on les allongerait au moyen d'une machine ingénieuse de mon invention. Ce serait à raison de 30 à

l'heure que les plus petits seraient mis à la taille des plus grands;
et ce *moyen terme* sauverait les principes.....

Le Carabin. — Gentil le philosophe.... pour sauver le principe
il tuerait l'homme!

Numéro 48 *(avec conviction)*.— Peu importe! C'est prévu! ça rentre
dans mon système; on aurait là trois avantages. 1° Etablir immédia-
tement l'égalité la plus absolue; 2° Mettre la vie à bon marché, vu la
grande quantité de viande de boucherie produite par cette mise à la
réforme humaine.......

Le Carabin. — Inhumaine!

Numéro 48. — 3° Augmenter notablemett l'industrie et le commerce; puisque en raison de l'accroissement des *tailles*....

Un Archipur. — Il n'y en a plus depuis 89!

Numéro 48 *(repernant)*. — Il faudrait plus de drap pour les
habits, plus de calicot pour les chemises, et ainsi du reste.

Un Archipur. — J'approuve le but; mais le moyen n'est pas
assez Radical!

Numéro 48. — Ami, j'y ai pensé; aussi cet adoucissement n'est-
il que pour la Génération présente; pour la prochaine, afin de
conserver à l'homme toute sa valeur acquise, on couperait le mal
dans sa *racine* et pour cela on tuerait toutes les filles, et on....
raccourcirait tous les garçons!

La Grosse Caisse. — Boum! Boum! Boum!

L'Archipur. — Tiens, c'est fameux l'Idée! Mais comme ça on
serait débarrassé de la famille!

Numéro 48. — Tu m'as compris, ô génie! Voyez comme d'un
coup on arrange tout dans la Société. Ah! quels hommes! Quelle
régénération! Quel perfectionnement progressif! Quel développement physique, intellectuel et moral. Égalité absolue, Fraternité
indéracinable. Plus de famille; partant, plus d'obéissance dégra-
dante, pour les enfants plus de passions, plus de maladies, plus de
mort!... Oui plus de mort! car par ma troisième invention je mène
l'homme à l'IMMORTALITÉ!

La Grosse Caisse. — Boum! Boum! Boum!

Numéro 48 *(dans l'exaltation)*. — Oui l'immortalité, pas de
l'âme! — non! — de l'homme. Le plus grand ennemi de l'homme

c'est la mort! Ainsi que l'humanité la proscrive. Voici les élections, ne la nommons pas, nommez-moi au contraire, moi son ennemi. Otez lui ses appointements et... donnez-les moi. Oui ô mort! il faudrait que l'humanité te repoussât de toutes ses forces nues : — Pour cela fondons des prix en faveur de ceux qui auront le talent de ne pas mourir; vulgarisons cette idée par des conférences, prononçons des peines terribles : amendes, prison, privation des augustes droits civiques, contre tous les suicidés, duellistes, assassins et assassinés (car ils sont complices les uns des autres, s'il n'y avait pas d'assassins il n'y aurait pas d'assassinés, et s'il n'y avait pas d'assassinés il n'y aurait pas d'assassins); également contre les malades et surtout contre les médecins et apothicaires, tous complices aussi...

Le Carabin. — Veux tu te taire, horreur!

Numéro 48 *(continuant).* — Oui contre les médecins, les apothicaires et les carabins qui contribuent si continuellement et si puissamment à la destruction de l'humanité. Aussi je demande aux citoyens ici présents de décréter contre la *mort* la proscription à *vie.*

Voix nombreuses. — C'est ça; à bas la mort! à bas la mort!

Grosse Caisse. — Boum, Boum, Boum!

(Le Commissaire qui dormait s'agite)

Voix plus nombreuses. — A mort, la mort!

Le Commissaire. *(réveillé en sursaut).* — Messieurs! Président! Citoyens! je ne puis...... je vais.... Ces cris de révolte... Il faut vider la salle.. c'est contre la constitution...

Le Carabin. — De l'homme!

Le Père-six-dents. — Je prie le représentant des lois de suspendre.

Le Commissaire *(radieux).* — La séance... Eh oui!

Le Père-six-dents. — Eh! non! la décision *(la figure du commissaire s'allonge)* Vous avez mal entendu étant plongé... dans vos réflexions, d'ailleurs l'orateur descend et vous serez satisfait; car de la mort nous allons passer à la vie!

Plusieurs voix. — C'est ça faisons la vie!

(Le commissaire se laisse retomber sur sa chaise)

Le Numéro 93, *(guettant la descente du n° 48 pour monter à la tribune).* — Pas encore, citoyens! Mais dans un instant papa Cul-d-ail vous régalera, et alors vous nocerez. Mais auparavant, il faut que je place mon Speach.

(*Il monte à la Tribune*) Mon ci-devant papa le Père-six-dents......

Les numéros 49 à 92, *tous à la fois.* — A bas le 93, c'est un voleur ; il nous prend notre tour — à la porte ! à la lanterne ! par la fenêtre !

Le Père-six-dents (*agitant à tour de bras sa sonnette*). — Silence, mille millions ! Grosse Caisse, fais ton devoir !

La Grosse Caisse (*couvrant les voix*). — Boum... Boum... Boum Badaboum..., Badaboum... Boum... Boum... Boum..., Badaboum... Boum... Boum... Boum !

Le Commissaire. — Si ce vacarme continue !...

Les numéros 49 et 92. — C'est du passe-droit, c'est parce que c'est son fils... C'est du privilége, pas de ça ici, — on ne saurait ainsi tout anéantir de 93 à 48. — A bas ! à la porte !...

Le Commissaire. — Si ça continue !... (*Il ferme les yeux et s'endort.*)

Le Père-six-dents, *à la Grosse Caisse.* — Bien fort, bien fort, c'est pour mon fils. C'est moi qui paye.

La Grosse Caisse. — Boum, Boum... Boum... Badaboum Badaboum Boum Boum Zin zin ! Boum, Boum, Boum, Badaboum Badaboum Boum Boum Zin Zin !...

Un des assez sûrs. — Citoyens ! on vous vole !

Tous. — Oui ! c'est ça.

L'assez sûr. — Oui ! c'est ça, mais c'est pas ça. C'est pas 93 qui vous vole, c'est les autres qui sont des faux ! (Bruit.) Les candidats 49 à 92, c'est pas ceux-ci ; les vrais, les purs je les connais. — Ils ne sont pas ici (s'attendrissant et s'essuyant les yeux) ils sont partis hier ces chers *pélerins* pour Sainte-Pélagie !

La Foule (*changeant à vue*). — A bas les faux ! à bas les caffards ! A bas les usurpateurs ! Vive notre fameux 93 !...

Le Commissaire (*réveillé en sursaut*). — Oh ! quelle horreur. C'est ici une vrai sentine *morale à nu* ! Président, je n'y tiens plus, *faites vider les lieux !*

Le Père-six-dents. — Commissaire, réveillez-vous, vous rêvez.

Un Ténor (*chantant*) :

> Las ! comme il serr' Lucie dans son sommeil :
> Il dit c'est un .. *rêve, ô Lucie !... on erre !*
> La c' commissaire lucide, en son sommeil,
> Il dit c'est un.. Révolutionnaire !

Le Père-six-dents. — Mais écoutez donc, *l'harmonie* règne parmi nous.

Le Commissaire (*hésitant*). — Mais 93.

Le Père-six-dents. — C'est mon fils *Candide*.

Le Commissaire. — Ah ! Mais 93.

Le Père-six-dents. — C'est un numéro d'ordre.

Le Commisaire — D'ordre — oh c'est différent... ça me va !

Le Père-six-dents. — Vous voyez bien on finit toujours par s'entendre.

Un Gamin. — Pourvu que la Grosse Caisse ne cogne pas !

La Grosse Caisse. — Boum... Boum Boum !

Numéro 93 (*gasconnant*). — Auditoire de Manants !

Voix nombreuses. — Il nous insulte ! assommons-le.

Le Numéro 93. — Eh non ! Manant ça veut dire ouvrier ! C'est les aristos qui ont *corrompu ce sens* et *bien d'autres !* — Donc je vous disais que je me présente pour vous représenter. En deux mots voici ma politique : *Renverser* le *Gouvernement ;* mais pas comme les autres. Les moyens connus, ça ne vaut rien. Il faut du nouveau.

Tous. — Ah !

Numéro 93. — Ainsi pas de liberté.....

Tous. - C'est un éteignoir.....

Numéro 93. — Oui, la liberté.

Tous — Non toi, 93 !

Numéro 93. — Ah ! par exemple, j'ai fait mes preuves, j'espère ! Autrefois j'ai soutenu la liberté.

La Redingote (*propre*). — Oui ! la liberté de se faire couper le cou !

Numéro 93. — C'est la seule qui termine tous les inconvénients, mais aujourd'hui c'est plus ça. Pas de liberté, mais de l'égalité.

La Redingote. — Oh! pour ça, tu as su et tu sauras racourcir.

Numéro 93. — L'égalité et la fraternité, c'est là mon grand cheval de bataille! Mon système s'appelle l'esclavage égalitaire.

La Grosse Caisse (*à qui le Père-six-dents fait signe aux passages saillants*). — Boum, Boum!

Numéro 93. — C'est bien facile! A leur naissance, on enchaîne tous les enfants les uns aux autres dans tout l'univers. (Boum, Boum!) Voilà d'un même coup l'égalité et la fraternité universelle. (Boum, Boum!) L'égalité : puisque tous sont également esclaves.— La fraternité : puisque tous sont unis. (Boum, Boum!) Mais aussi, voyez combien j'ai raison de repousser la liberté. C'est elle qui romprait tous les liens. Oui, ma chaîne, prenez ma chaîne. Voyez donc quels avantages vous offre la chaîne humanitaire; elle dispense d'armée, de police, de magistrature, d'administration. — Par suite, plus d'impôts; rien qu'une première dépense : l'achat de la chaine, et tout est dit. Quelle simplicité et quelle puissance! En voilà une idée; les autres me viennent à peine à la cheville. Il n'y a qu'une objection : où trouver assez de chaînes? Français! j'ai prévu le cas, ne craignez rien, je suis un bon patriote, — Voici ma carte; vous y verrez que mes magasins de fil-de-fer, câbles et chaînes de tous genres sont bien assortis, en bonne qualité et à prix modéré : — payable comptant et sans escompte. (*Se retournant vers la Grosse Caisse.*) Grosse Caisse!...

La Grosse Caisse. — Boum, Boum, Rataboum, Boum!

Un Loustic. — On voit bien que c'est le propre fils du Père-six-dents. Il a le secret des *pieds chauds*, lui. En avant la *réclame!*

Un autre Loustic. — *Electorale!*

Un Électeur éligible (*tout essoufflé, se précipitant vers la tribune*).— Ah! la réclame électorale, c'est mon affaire! Vite, place! J'en ai de belles à vous dire! Si c'est pas honteux qu'on se fiche du peuple comme on fait. Ils en font des tours, vos candidats. Il y a-t-il pas un des purs, des plus purs, de ces purs qui a voulu me faire boire du vin, du vin!... s'il avait été encore *pur* comme lui! du vin qui avait payé les droits de *haussement.*

Et un autre encore qui m'offrait... un parapluie! un parapluie! Ah! ils connaissaient tous deux mon faible. Ils savaient sans doute que *j'ai peur de l'eau.* — Mais voici le comble de la mesure j'en suis encore tout ému! — Sublime Morale! — Aujourd'hui même, il en est venu deux à la maison, deux à la fois ! (associés sans doute). J'étais absent ; ils n'ont trouvé que ma femme ; rosière en retraite, modèle d'innocence et de candeur et ouvreuse. — O vertu, voile-toi ! les infâmes, ils n'ont pas rougi de lui offrir, de compte à demi, pour la disposer ou plutôt pour l'indisposer… un clysopompe d'occasion ! — encore s'il eût été neuf : — Oui, un clyso enveloppé dans leur Bulletin ! — Tremblante, confuse, égarée… ce clyso et ce Bulletin… elle les a pris… d'autant qu'elle avait besoin de l'un et de l'autre. — Le Clyso est là… à la maison — mais les Bulletins… dame !… Ainsi peuple, tu vois les machinations dont on t'entoure ! Voilà leurs *arguments*.

Un Loustic. — *Canulants !*

L'électeur. — C'est leur système : — Donnant, donnant une flute, une voix. — Ah ! et si j'étais le seul ! Ah ! que non ! car à l'instant même je viens d'apprendre que :

> De ces serins geux-là, dans ma commune, d'eux
> Le garde en reçut cinq, l'adjoint trois, le mair'd'eux !

Et puis, on vient vous cajoler pour vous enjoler comme une jolie fille, on vous tendra la main, sans vous connaître. — Mais ça fait bon effet, ça a pas l'air fier. — Connu — on paye la goutte et ils croient qu'on y voit de même. Oui ! attends que je t'éclaire ! Vous savez pas le tour qu'il faut jouer à ces beaux démocrates gantés qui plaignent la misère du peuple, le dos au feu, le ventre à table ! Il faut prendre la goutte et la rincette et la pousse rincette, et puis quand on leur a bien bu leurs grogs, bien sali leurs gants, on leur dit, comme les autres il y a huit jours : Nous voterions bien pour vous… mais nous sommes Suisses. — Et le député du Jura :

> *Jura, nom d'un pétard, qu'on ne l'y prendrait plus.*

Eh bien ! moi je me porte candidat rien que pour leur faire concurrence. Mais je ferai pas comme eux. — Je serrerai la main à personne — je ne payerai la goutte à personne — pas même aux Suisses. — D'autant que ça me ruinerait ; car ils boivent comme… des Suisses, parbleu ! Ce qui n'empêchera pas que vous me nommiez tout de même, pas vrai ? Que diable ; vous n'avez pas besoin de petits verres ni de clyso pour vous *rafraîchir ?* Il vous suffira de connaître ma profession de foi. — Et bien la voici en gros et en détail : Je veux de la liberté, de l'égalité et de la fraternité. Oui !

mais j'en prends et j'en laisse : c'est comme les champignons, il y a du bon et du mauvais. — Le mauvais c'est :

Les Bers — ça peut vous écraser.

Les Gars — ça peut vous rosser et

Les fraters — ça peut vous tuer ! Le bon c'est :

Le nid — ça loge.

Le lit — ça meuble et

Le thé — ça nourrit. Voici ce que je prends, moi. — Je vous laisse le reste, si vous me nommez pas. — Mais je vous en donnerai autant quand... quand vous m'aurez nommé! (Il descend de la tribune.)

La Grosse Caisse. — Boum ! Boum ! Boum ! Boum boum boum !

Le Père-six-dents. — Citoyen, la liste est *épuisée.*

Une voix. — *Comme nos forces.*

Le Père-six-dents. — Si quelqu'un veut prendre la parole.

Un Petit Homme (*bien mis*). — Monsieur le président et vous messieurs les assistants.

Voix. — A bas l'aristo ! A la tribune !

Le Petit Homme. — Patience ! je ne serai pas long. — Je ne suis pas candidat, moi. Je viens seulement offrir mes petits services à ces Messieurs.

Agent d'une compagnie d'assurance spéciale, je viens leur demander s'ils veulent, moyennant une prime insignifiante, s'assurer contre les mauvaises chances des élections !

Un Gamin. — En v'là une *d'assurance.*

Tous les candidats. — Nous n'avons pas besoin de *nouvelle assurance*, nous *en* avons *assez !*

Pendant cet entr'acte, moi Cul-d-ail, historien de cette mémorable journée, Je me levai et jetai un regard dominateur sur l'assemblée. A ce moment le Père-six-dents répète la question : Quelqu'un veut-il prendre encore la parole. Alors d'une voix assurée (pas par le précédent) je m'écriais :

Je la réclame !

Une voix. — Assez de *réclame.*

Le Père-six-dents. — Citoyens, déclinez vos noms, profession, domicile et *qualités.*

Moi Cul-d-ail. — *J. F. Cul-d-ail, passé maître des colles,* maintenant *reste orateur*, préparateur *de la raie publique des magots-gigues* et de la *commune Sauce-à-l'Ail — sans aucune qualité !*

Le Père-six-dents. — Citoyen Cul-d-ail, vous avez la parole; passez à la tribune.

Alors, au milieu du silence général et des regards interrogateurs. Je m'introduisis dans la *tripe une démocratique et indivisible.* (UN GAMIN.— Ah ! quel charcutier.) « Il ne se trompait pas le gamin.» Je toussai, crachai, me mouchai décemment et commençai en ces termes :

Moi Cul-d-ail. — Citoyens, vous avez faim.....

Tous. — Oui, oui, il est onze heures 1/2 !

Moi Cul-d-Ail. — ...... Vous avez faim de la vérité — mais je ne serai pas long, car moi aussi j'ai desentrailles, je vous dirai donc : il faut *renverser le gouvernement.* C'est là une idée neuve qui n'était encore venue à personne.. Aussi ai-je pour ce prés un brevet d'invention -- j'en ai un aussi pour la préparation de la *raie publique* des *Magots-gigues* et de la commune Sauce à l'Ail. Ces idées je les ai trouvées au fond des bouteilles. — C'est là qu'on tombe sur *les meilleures.* Aussi voulant vous inspirer *celle* de me nommer, je vous invite tous à un banquet démocratique dans mon *bouchon*, là vous *en* ferez *sauter* vous le voyez, amis, si j'ai une bourse d'argent j'a surtout un cœur d'or.... Je vous ouvre tout grand celui-ci; je ferme convenablement celle là — que vos oreilles fassent comme ma bourse dont le fond ne saurait être assimilé à celui des bouteilles — Chez moi on les vide avec son porte-monnaie — ce qui me remplit d'une *ivresse* bien partagée. En vous invitant donc à *changer* de *salle*, je vous dirai avec ce *fourré publicain* de *Dérangé*

> Autour du pot c'est trop tourner
> Cul-d-ail, vous attend pour dîner !

Le pot, camarades, c'est comme qui dirait l'Urne électorale; il ne faut donc pas tant barguigner. Venez. Que de temps perdu à écouter des utopies. — Je suis plus positif ! moi ! si je tiens d'une main le *pot électoral*, de l'autre au moins je vous offre le *pot de vin* le *pot Bouille*; puis à la suite, selon les besoins, le *pôt de Chambre*.. (*Grognement*) qui se confond d'ailleurs avec le *pôt électoral* qui est le *pôt de la chambre*. Mais avant de vous lancer dans le *pôt au feu*, il est essentiel, de vous découvrir le *pôt aux roses.* — Laissez moi prendre le *pôt à l'eau* des *satires* pour *laver la tête* à tous ces vieux de la vieille défunte: dont il faut pas renommer un seul, car c'est eux qui ont mis la patrie, là ou elle est. En effet.

> L'empire de l'état suit l'état de l'empire
> Est-il pire d'au pire en au pire il empire
> S'il n'est pire, l'empire à bientôt respiré
> Vain répit : que sou sbire épie, en ce temps pire ;
> Il verra se tapir en tapir un vampire !
> Tant pis si les soupirs à temps n'ont transpiré ;
> Et s'il n'inspire ample ire au lampyre Pyré,
> L'Empire que empyrée empire, empire expire
> Mais l'ire de Piré, contre Piré conspire
> Car l'empire soupire et bientôt aspiré
> Si pire et tant l'état, l'état est ampiré!

Voilà leur œuvre à tous, qu'ils soient *désagréables aux ficelles dans la position du juste milieu où enfin dans l'aut'position.* Comment en effet *en* trouver *une* quand la nation *héberge au froid deux villes neuves de laine ;* qu'elle a dans *l'aine un vil coq avec mal aux yeux ;* dans les *côtes le Goret, La tour, deux Champagnes* et les *Besoins des gens échauffés* dans le *Bas rein des poussières où coule l'eau et puis des qu'eau est hors ne la laisse que le pas raide.* Que faire quand cette nation dans *le Bas-rein ou est c't'gros'raie, n'a que la fourbure ; au dos de la Marne* et enfin *deux corps abattus chiqués, avinés, de qui la tête porta des lentes.* Quand cette nation a dans la *Manche cinq germes embrouillés de la tanière à vin* et en *plein chair compter deux nez et l'éguille aux mains.* Pour la sauver il eut fallu chasser tout ça dans les *deux heures.*

Une Voix. — *Comment l'oser? il se trouvait contre deux chambres un !...*

Moi Cul-d'Ail. — Il eût fallu faire disparaître des diverses *scènes et mille et mille oliviers* devenus inutiles *deux beaux vergers* enfin tous *les pouilleux quartiers,* le *quart ouest,* le *quart nord,* le *quart niais* et le *pis quart.* Si encore parmi ces maux était le *tiers parti,* on eût pu conserver quelque espoir !

Une Voix. — *Eh non ! Eh non ! j'eus la faveur de mettre terme au grand discours du Trône!* C'est un peu trop tard, c'était *périr à coups sûrs d'aiguillon!*

Moi Cul-d-ail. — Oui! car les horribles *bêtes montent, montent, montent* et avec le *dard y monte, monte, monte,* et après *brame guerre où si non !* et les voilà bien et *bel montées* aussi. Que faire? Ce sont des *veaux j'aime le buffet raffiné. Les mets-je dans le puits ?*

Voix nombreuses. — Eh non ! Eh non !

Moi Cul-d-ail. — Faut-il que *Javale deux lionnes ?*

Voix nombreuses. — Oui, *pelle-t-en ; pelle-t-en ! mange de la côte ! bourre-là aux bouches ! l'auge y est marie tes deux lures. L'anneau y est.*

Mais que deviendront leurs *millions* et leurs *richards ?* Que deviendra *tarente ?* Que ferai-je *du plan de la Grange des retours ?...*

Voix nombreuses. — C'est *ton lot, mure-là !* C'est *ton lot,* et *gare à l'homme,* à toi *nos belles* et le *riche monde.*

Moi Cul-d-ail. — Citoyens, mes frères, quel précipice s'ouvre devant nous ! Que de *déportements* qui se présentent comme des gouffres où vont tomber tous ces députés de la vieille. Ah ! rentrons en nous-mêmes ! Prévoyons l'avenir, n'en nommons pas un seul. Vous les connaissez tous, bien que je n'aie fait que vous donner des indications rapides ; mais rappelez-vous que, dans cette énumération abrégée, *Jean sot est des meilleurs.*

Oubliez-les tous ; ils sont trop vieux. Il faut encore une fois *renverser le Gouvernement,* que les jeunes commandent aux vieux. — prenez *du neuf.* Mais si l'urne est là, les candidats n'y sont pas. Il faut eu faire sortir *d'un œuf.....* tout frais, tout jeunes, bien jeunes, très-jeunes, sans expérience du passé, l'expérience entrave. Mais il faut les faire éclore. Allons donc les cuver..... Je veux dire les *couver,* et dans huit jours je vous convie à une autre réunion....

Voix. — Assez d'une comme ça.

Moi Cul-d-ail. — Une réunion où je vous donnerai ma liste que vous *digérerez* sans peine avec le banquet que je vous offre. Je vous répète donc avec une *conviction* de plus en plus profonde :

> Autour du pot c'est trop tourner
> Cul-d-ail vous attend pour dîner !

Grosse Caisse. — Boum ! Boum boum ! Boum boum. Rataboum Boum Boun zin zin.

Tous. — Bravo ! bravo ! Vive Cul-d'Ail ! Vive la *Raie publique !*

Le Commissaire. — Si ce cri... .

Un Archipur. — Je proteste contre le banquet.

Tous — A bas le protesteur ; nous avons faim.

L'Archipur. — Je proteste parce que ce n'est pas aujourd'hui vendredi.

Un Gamin. — C'est ça et alors on ne mangerait pas du veau froid, moi qui l'aime tant, je proteste ?

Moi Cul-d-ail. — Citoyens, on trahit vos consciences... et votre estomac! Tout me manque! Quel langage! et encore dans la bouche d'un archipur! Vous êtes donc encore les esclaves de la superstition, hommes éclairés... au... gaz! vous êtes donc mahométans, que vous voulez choisir un vendredi pour festoyer!

Tous. — Mahométans, nous! non certes, ils ne boivent pas. Ce ce sera pour...

L'Archipur. — Mettons-le à jeudi!

Moi Cul-d-ail. — (*A part. L'animal, il va m'enlever mes clients.*) Citoyens, mais vous revenez au paganisme, c'est le jour de Jupiter!

Tous. — Non! A bas Jupiter! c'est un aristo!

L'archipur. — Mercredi?

Moi Cul-d-ail (*à part*). — Ah! le butor (*haut*) Citoyens, j'ai fait la cuisine un peu partout et je crois que les Bouddhistes. .

Tous. — Pas de *Boudé* entre amis... Ce sera pour samedi.

Moi Cul-d-ail (*indigné*)..., — Juifs!

Tous. — Jamais! nous aimons trop nos semblables et nous fraternisons avec les porcs!... à dimanche!

Moi Cul-d-ail (*se frottant les mains*). — Ah! ah! fameux, vous voilà chrétiens! (*à part*) je les tiens.

Tous. — Alors lundi... mardi!

Moi Cul-d-ail. — O vertueux patriotes! quoi, vous renonceriez à votre noce hebdomadaire. Non! non! je n'accepte pas votre sacrifice. Faites mieux pour ne pas manquer de préférence et soutenir le libre-pansement. Commençons ce soir et faisons durer le banquet toute la semaine.

Tous. — Fameux, bravo! Vive Cul-d-ail!

La Grosse Caisse. — Boum Boum Boum!

Tous. — Vive les ventres libres! vive les libres panseurs!

Grosse Caisse. — Boum Boum Boum!

Moi Cul-d-ail. — Oui, toute la semaine! Le premier jour je paye!

Tous (*applaudissant*). — Bravo! Cul-d-ail! Bravo! Nous te nommerons.

Moi Cul-d-ail. — Aujourd'hui je paye... mais les autres jours... vous payerez.

(*Silence universel*).

Moi Cul-d-ail (*à part*). — Ah! les va-nu-pieds! ça pas le sou, et ça veut être citoyen. Mais motus ! Il faut qu'on me nomme... Douze mille !... ah ! les gueux ! (*haut et d'un air attendri.*) Amis... *Vous me le payerez* ou si vous *ne me le payez pas*, frères... Eh bien ! que voulez-vous, tout n'est-il pas commun entre nous ?... Jusqu'aux élections, venez, mangez, buvez *frais à mes frais...* et votez de même... pour que je n'*en* sois pas des *miens !*

(Alors jetant mon chapeau en l'air ! je m'élançai dehors en tête de la foule évacuante en criant à gorge déployée) :

> Allons enfants de la patrie !
> Le jour de boire est arrivé.
> Pour moi l'urne est à la mairie
> Pour vous mon vin est décuvé !
> Voyez de campagne en campagne
> Courir les autres candidats ;
> Ils viennent jusque dans mes bras
> Vous verser des flots de champagne !
> Aux armes ! Citoyens, videz mes carafons,
> Mangeons, buvons.

Que mon vin pur vous soule... et nous votons !

(Nous étions déjà lancés quand nous voyons accourir, portant une masse d'im primés sous les bras, un auvergnat qui se met à crier en bégayant :)

Chi... chi... chitoyens, chi... chitoyens, arrêtez ! Rentrez en fous... fous... fous-mêmes, che feux, feux, feux dire dans chez cha... cha... challes !

Voix nombreuses. — A bas l'auverpin ! nous avons faim !

Autres voix. — Non, qu'il parle !

Un Gamin. — Voyez pas qu'il peut pas, qu'il a des fèves dans la gueule !

Voix diverses. — Non ! si !

Le Père-six-dents (*à ceux qui passent à la porte*). — Citoyens, au nom de la *liberté... de la presse !*

Un gros homme (*serré à la porte*). — Parlez m'en ! de votre presse !... Elle est joliment *libre... j'étouffe !*

Le crieur. — Chi... chi...toyens che fous, fous, fous apporte la liste uniq...niq...niq...nique aux fiche, fich, fichelle qu'on pet..., pet prête et gène et ra...ra...rale des can...can...can...can...didats, dats, dats rangés... de... de rangés ou à... a aar...rangés par dé- partements !

Un Loustic. — C'est pas la séance du Préau-Culs-pets qu'il faudrait l'appeler celle-ci, c'est la réunion des ch... ch... ch... des scies !

La Redingote. — Non certes! car alors on ne pourrait la distinguer des autres...

Le crieur, *continuant.* — Chi... chi... chi les chi... chi... chitoyens veulent de chis... chis... chis pa... pa... pa...piers (il offre des listes.)

Tous. — Oui! oui! du papier... du papier. — Nous allons dîner... ce sera bon pour les chi... chi... chitoyens, du PRÉ-AUX-CULS-PETS !

Le Crieur. — Té... té... té té-nez cha, cha ne cou... cou... cou... coûte rien! (Il en distribue). — Se ravisant : Chi... chi... fous... fous n'avez pas vos lune lune lunettes che... fais... fous... fous... lire moi-même.

Tous. — Non! nous crevons de faim !

Le crieur. — La lis... lis... liste des *can... can... can...*

Tous. — Fich'ton *camp,* nous nous tirons la langue.

Un Loustic. — Allons donne moi ça.

Quelques voix. — A bas la lecture.

Le Loustic. — Tu n'aurais pas fini demain. Camarades, c'est moi qui vais vous dégobiller ça, premier numéro.

Tous. — Allons ça va, mais dépêche-toi.

Le Loustic (*d'une voix tonnante*). — Se présentent : Dans l'Ain, et dépendances : 1ᵉ circonscription.

Le Commissaire (*après avoir regardé sa montre*). — J'interdis cette lecture. — Il est minuit! Mardi commence, nous venons d'entrer en plein recueillement électoral et la première condition du recueillement, c'est le silence !

Le Loustic (*lecteur*). — Mais.....

Un Archipur. — Pour cette fois, et par exception, le citoyen Commissaire, il a raison, cette lecture pourrait influencer les votes.

Le Commissaire. — J'en permets la distribution, mais pas la lecture.... publique.

Tous. — Bravo, le Commissaire ! il a des *entrailles* pour les *nôtres.*

Le Loustic lecteur (*en soupirant*). — Allons motus ! — Dommage tout de même, moi qui ai-z-un si brillant-z-organe et un si pur-zaccent! (*A part.*) Tout de même il faut pas rester le bec fermé comme ça; c'est trop bête. (*Haut.*) Citoyens, puisqu'il-z-en-z-est-z-ainsi, je fais comme si j'avais lu et je vous y dis : V'là les futurs — ils sont tous *épuisés....*

La Grosse Caisse. — Boum! Boum Boum!

Un Gamin. — Vraiment déjà! et que seront-ils donc après une session ?

Le Loustic. — Bien malades et dans six ans, ils ne seront plus.

Tous les Candidats (*de 1 à 93*) — A bas la liste nous n'y sommes pas — c'est pas la vraie — la vraie c'est la nôtre.

Moi Cul-d-ail. — Non, c'est la mienne — allons, venez donc.

Tous les Candidats. — Non! nous n'irons pas, qu'on ne nous ait mis sur la liste... A bas le crieur!... A bas cette *liste si... vile*!

Le Commissaire (*faisant un soubresaut*) — Président (*Brouhaba*). (*A part.*) Ah! Bicorne bleu! c'est pour le *coup* qu'il faut *en* frapper *un*. — Dépêchons-nous, ils s'en vont ; sauvons sans danger le prestige de la loi. (*D'un ton tonnant.*) Président! ce langage séditieux est insupportable. Au nom de la loi, vous êtes *dissous!*

Voix nombreuses. — *Dix sous!* rien que ça! nous valons donc bien peu! (*D'un ton menaçant.*) — Ah! nous sommes *dix sous!*

Le Commissaire (*avec fermeté*). — Pas de raisons!

Moi Cul-d-ail. — Frères et amis, ne vous fâchez donc pas! Après mon banquet, vous serez bien plus de *dix souls!*

Le Gamin. — Parbleu! ils le seront tous!

Moi Cul-d-ail. — Soffre moi! Président j'ai des crampes! De grâce! levez donc la séance!

La Grosse-Caisse. — Mais non! pas encore! Vous allez vous remplir vous! mais on ne m'a pas remplie moi! Citoyens, une *quête* pour la *GrosseCaisse.*

Le Père-six-dents. — Oui! si j'en garde la clef.

Le Commissaire (*accentuant.*) — Pas un mot de plus ou sinon!

Le Père-six-dents (*à la Grosse Caisse.*) — Le commissaire se fâche; il *change* à chaque instant *de couleur.* Mettons-nous en règle.— Citoyens, évacuez! la séance est.....

Le Commissaire. — Dissoute.

Le Père-six-dents. — Oui, dissoute, pétrie et levée.

Moi Cul-d'Ail. — Et la *pâte* populaire aussi. (Tendant le *bras* au

Père-six-dents.) Allons, de *l'une* prends *la mienne*, et de l'autre soutiens la *Grosse Caisse!*

Le Père-six-dents (*à part*). — Ah! filou, tu as donc, toi aussi, la bonne *recette?*

Moi Cul-d-ail (*à part*). — Des pieds *chauds* comme toi, mais ne laissons pas *froidir* le dîner.

Le Père-six-dents. — Allons, frères, au banquet *du libre panse-ment*.

Tous. — Vive le Père-six-dents! Vive Cul-d-ail!

Moi Cul-d-ail. — Vivent les *libres panseurs!* Vive la Grosse Caisse!

La Grosse Caisse. — Boum, Boum, Boum, Rataboum, Boum, Boum, Zin, Zin, Boum, Boum, Boum, Rataboun, Boum, Boum, Zin!...

Et tous, bras dessus bras dessous, nous nous dirigeâmes, avec la majesté d'un peuple affamé, vers ma table de *restes au rance*, en chantant patriotiquement ces paroles *enivrantes!!!*

CUL-D-AIL (seul).

Air du Pied qui r'nue.

Avant d'aller au pot,
Amis, au pot des intrigues;
Avant d'aller au pot,
Allons manger du gigot.
Le gigot est divin,
Surtout quand il vient des Magots-Gigues;
Le gigot est divin,
Quand il arrosé de vin!

LE CHOEUR.

Air de : Eh! mes petits agneaux.

Aïe! Chez toi que c'est flatteur
D'aller fair' la noce!
Cul-d-ail, reste orateur :
Tu vas être en hausse.

Mais, avec l'gigot,
 Ce qu'il nous faut
 C'est de la sauce...
Mais quell' sauc' mettre, cul-d-ail?
 Mets la sauce à l'ail
 Aïe!

CUL-D-AIL (seul).

Air du Pied qui r'mue.

Pour vous, mes polissons,
J'ouvre grande ma Boutique;
 Pour vous mes polissons,
J'ajouterai des poissons.
 Ils ne sont pas d'avril,
Quoique l'un d'eux soit la *raie publique;*
 Ils ne sont pas d'avril :
Mais — Mai les mettra sur le Gril.

LE CHOEUR.

Air de : Eh! mes petits agneaux.

Aïe! ça va donc chauffer
 Dans cette gargotte;
Cul-d-ail va triompher
 Par cette ribotte.
Ce grand citoyen,
 Connaît l'moyen
 D'avoir not'vote;
Pour nocer quand on a faim,
 Que cout'un bull'tin?
 Rien!

CUL-D-AIL (seul).

Air du Pied qui r'mue.

Je suis digne de vous,
Frèr's, et je pourrai sans honte,
 Étant digne de vous,
Vous bien représenter tous!

Aussi je vous promets,
Tous les ans, si vous m'fait's archonte,
Amis je vous promets
Une semaine de banquets.

CHOEUR.

Air de : Eh! mes petits agneaux.

Aïe! on peut mett'son sort
En tes mains, sans crainte!
Ent'nous c'est à la mort
Pourvu que l'on pinte.
Si quelque animal
Te veut du mal
Faut qu'l'on l'éreinte,
Pour sûr nous l'démolirons
A coups de canons
Ronds!

CUL-D-AIL.

Air du Pied qui r'mue.

Voici : peupl' de héros,
Puisque tu demandes des armes;
Voici, peupl' de héros,
Des fourchett's et des couteaux.
Avec cet armement,
On peut, sans redouter les gendarmes,
Avec cet armement,
Renverser le couvert nûment.

CHOEUR.

Air de : Eh! mes petits agneaux.

Aïe! nous sommes des purs
Forts en gueule et poigne!
Aussi sommes-nous sûrs
D'bien fair' not' besogne,
Nous n'y tenons plus :
Aux armes! sus
A la charogne!
Pour Gorger votés, votants,
Faut des plats friands
Grands!

CUL-D-AIL.

Air du Pied qui r'mue.

Videz les questions,
Amis, en vidant vos verres;
Videz les questions
Touchant les Élections.
Pour ça faut tuer l'vert,
Tirer au blanc et passer au rouge;
Pour ça faut tuer l'vert,
Et n'y voir qu'du bleu-z-au dessert!

TOUS EN CHOEUR (*reprenant*).

Air de : Eh! mes petits agneaux.

Aïe! chez toi qu'c'est flatteur
D'aller fair' la noce!
Cul-d-ail reste orateur,
Tu vas être en hausse!
Mais avec l'gigot
Ce qu'il nous faut
C'est de la sauce...
Mais qu'ell' sauc' mettre? cul-d-ail
Mets la sauce à l'ail
Aïe!